S. EUTROPE

ALPHABET SYLLABIQUE,

OU

MÉTHODE INGÉNIEUSE,

Pour apprendre à lire en peu de tems, très-utile à la Jeunesse, soit pour la Lecture, soit pour l'Ortographe, & très-soulageante pour les Maîtres & Maîtresses qui instruisent les Enfans.

A SAINTES,

Chez PIERRE TOUSSAINTS, Imprimeur.

M. DCCC. XI.

AVEC PERMISSION.

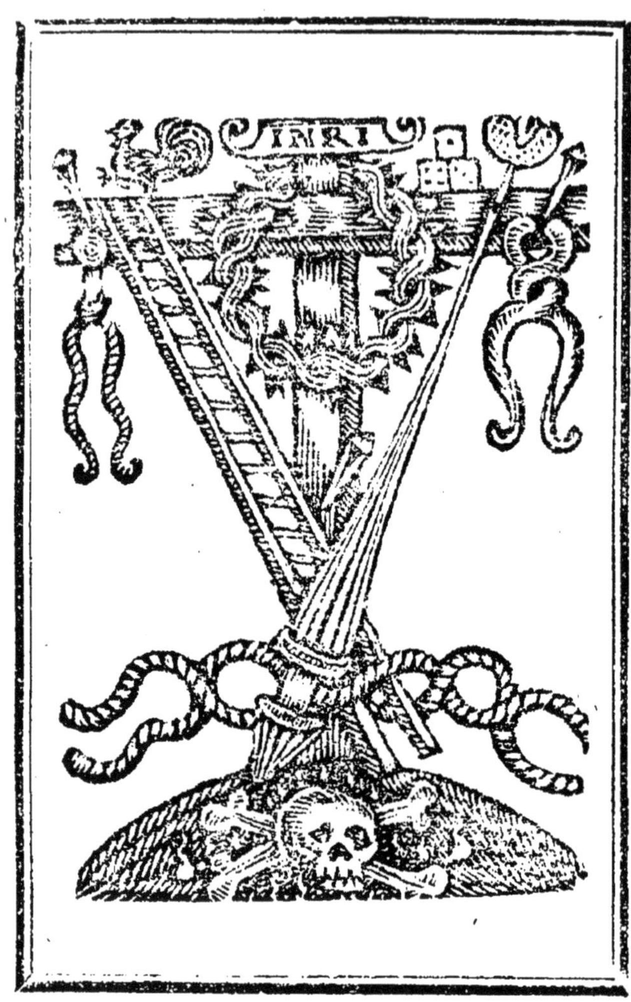

Vu et approuvé par Nous, Vicaire-général de la Rochelle.

L'Abbé St. Médard, Vic. Gen.

A la Rochelle, le 19 *Septembre* 1810.

AVIS AU LECTEUR.

L'EXPÉRIENCE nous apprend que la seule difficulté qui empêche que les enfans et autres, qui veulent apprendre à lire, n'y réussissent facilement et en peu de tems, est qu'ils ne peuvent développer combien il y a de syllabes dans un mot, ni comprendre combien il faut de lettres pour composer une syllabe.

Pour vaincre toutes les difficultés qui sans cesse se présentent, sur les principes de la lecture, on a invanté et perfectionné l'ordre de cette Méthode, où l'on a distingué les syllabes par un trait horisontal (-), et les mots par trois points (⋮), dont l'aspect et la rencontre sont fort doux, lesquels loin d'embarrasser les enfans, les mettent d'abord au fait de ce qu'on leur demande, et rendent cette Méthode si claire et si sensible, qu'elle est également commode aux Maîtres et aux Ecoliers.

On a fait pour le mieux en divisant cette Méthode en deux parties : la première est entiérement disposée dans un ordre syllabique, avec un gros caractère, pour la facilité des enfans, à qui il faut des objets déterminatifs, qui leur frappent les yeux et l'imagination.

Dans la seconde, on a employé un caractère moins gros, disposé également par syllabes, ensuite le même caractère sans syllabes, pour accoutumer peu à peu les enfans au caractère ordinaire.

Il faut remarquer que non seulement ce livre est très-utile pour apprendre à lire en peu de tems, mais encore très-méthodique pour l'ortographe, car avant d'écrire un mot, il faut que notre esprit forme et distingue dans notre imagination les lettres de chaque syllabe, et les syllabes de chaque mot.

On peut donc, avec la pratique de ce livre, apprendre à lire en peu de tems, acquerir une grande aisance de distinguer les lettres de chaque syllabe, les syllabes de chaque mot, et se perfectionner insensiblement dans l'ortographe.

Tel est le but de cette Méthode, qui a pour objet la gloire de Dieu et l'utilité du Public.

Lettres courantes Romaines.

✠ A a b c d e f g h
i j k l m n o p q
r ſ s t u v x y z &.

Lettres capitales Romaines.

A B C D E F G H I J K L M
N O P Q R S T U V X Y Z.

Lettres courantes Italiques.

A a b c d e f g h i j k l m n
o p q r ſ s t u v x y z &.

Diphtongues.

ai au ei eu ay æ œ.

Voyelles.

a e i o u.

Toutes les autres ſe noment consonnes ; elles ne peuvent former de ſyllabes ſi elles ne ſont jointes à une des voyelles.

Syllabes de deux Lettres.

A	e	i	o	u
Ba	be	bi	bo	bu
Ca	ce	ci	co	cu
Da	de	di	do	du
Fa	fe	fi	fo	fu
Ga	ge	gi	go	gu
Ha	he	hi	ho	hu
Ja	je	ji	jo	ju
La	le	li	lo	lu
Ma	me	mi	mo	mu
Na	ne	ni	no	nu
Pa	pe	pi	po	pu
Qua	que	qui	quo	quu
Ra	re	ri	ro	ru
Sa	ſe	ſi	ſo	ſu
Ta	te	ti	to	tu

Va	ve	vi	vo	vu
Xa	xe	xi	xo	xu
Za	ze	zi	zo	zu

Syllabes de trois lettres.

Abs	ail	ans	als	aux
Bal	ben	bin	boc	bau
Cas	cel	cis	col	cou
Dam	den	dim	dot	duc
Els	ens	ers	est	eux
Fal	fem	fim	fol	fut
Gar	ger	gim	gom	gur
Han	hec	hir	hol	hun
Jac	jem	jir	jon	jum
Kal	ken	kir	kod	kau
Lac	les	lim	lot	lun
Mad	mer	mil	mot	mur
Naf	nel	nim	nor	nut

Ons	ors	ort	ont	ous
Par	per	pri	pro	pur
Qua	quæ	qui	quo	quid
Ral	rem	rim	rom	rus
Sac	ſem	ſin	ſoc	ſur
Tac	ten	tim	tom	tuc
Vac	vem	vin	von	vul
Xan	xel	xim	xon	xum
Zac	zec	zim	zom	zuc

Nous venons de voir ce que c'est qu'une *Syllabe*, nous allons maintenant passer aux *Mots*.

Le *Mot* est composé d'une ou de plusieurs Syllabes, lesquelles jointes ensemble, forment un ſens ſéparé.

Le *Discours* est un composé de mots qui contient un ſens parfait.

La virgule ſe met à la fin d'une période; et le point, quand la période a un ſens complet : le reste s'apprendra par l'usage.

L'Oraison

O-rai-son : Do-mi-ni-ca-le.

✠ Au : nom : du : Pè-re : et : du : Fils : et du : Saint : Es-prit. : Ain-si : soit-il.

NOtre : Pè-re : qui : ê-tes dans : les : Ci-eux : que : vo-tre : nom : soit : sanc-ti-fi-é, que : vo-tre : rè-gne : ar-ri-ve que : vo-tre : vo-lon-té : soit fai-te : en : la : ter-re : com-me au : ci-el. : Don-nez - nous au-jour-d'hui : no-tre : pain quo-ti-di-en : et : nous : par-don-nez : nos : of-fen-ses com-me : nous : par-don-nons : à : ceux : qui : nous ont : of-fen-sés : et : ne : nous laif-fez : point : suc-com-ber à : la : ten - ta - ti - on : mais dé-li-vrez - nous : du : mal. Ain-si : soit - il.

Sa-lu-ta-ti-on : An-gé-li-que.

JE : vous : sa-lu-e : Ma-ri-e plei-ne : de : gra-ces, : le Sei-gneur : est : a-vec : vous vous : ê-tes : bé-ni-e : en-tre tou-tes : les : fem-mes : et Je-sus : le : fruit : de : vo-tre ven-tre : est : bé-ni.

Sain-te : Ma-ri-e : mè-re de : Di-eu : pri-ez : pour nous : pau-vres : pé-cheurs

main-te-nant : et : à : l'heu-re : de : no-tre : mort.
Ain-si : soit-il.

Sym-bo-le : des : A-pô-tres.

JE : crois : en : Di-eu : le Pè-re : Tout-puis-sant, Cré-a-teur : du : Ci-el : et de : la : ter-re : et : en : Je-sus-Christ : ſon : fils : u-ni-que, No-tre : Sei-gneur : qui : a é-té : con-çu : du : Saint-Es-prit : est : né : de : la : Vi-er-ge : Ma-ri-e : a : souf-fert sous : Pon-ce : Pi-la-te, : a é-té : cru-ci-fi-é, : est : mort, a : é-té : en-sé-ve-li, : est : descen-du : aux : en-fers, : le troi-si-è-me : jour : est : res-sus-ci-té : des : morts, : est mon-té aux : Ci-eux, : est as-sis : à : la : droi-te : de Di-eu : le : Pè-re : tout-puis-sant, : d'où : il : vi-en-dra ju-ger - les : vi-vans : et : les morts : Je : crois : au : Saint Es-prit, : la : ſain-te : É-gli-se Ca-tho-li-que, : la : Com-mu-ni-on : des : Saints, : la ré-mis-si-on : des : pé-chés, la : ré-sur-rec-ti-on : de : la chair, : la : vi-e : é-ter-nel-le.

Ain-si : soit-il.

Con-fes-si-on : des : pé-chés.

JE : me : con-fes-se - à Di-eu : tout-puis-sant : à la : bi-en-heu-reu-se - Ma-ri-e : tou-jours : Vi-er-ge : à saint : Jean-bap-tis-te : aux A-pô-tres : Saint : Pi-er-re et : Saint : Paul, : à : tous les : Saints, : et : à : vous mon : pè-re : par-ce : que j'ai : beau-coup : pé-ché, par : pen-sé-es : par : pa-ro-les : et : ac-ti-ons. : Par : ma fau-te : ma : fau-te : par : ma très-gran-de : fau-te ; : c'est pour-quoi : je : sup-pli-e : la bi-en-heu-reu-se : Ma-ri-e tou-jour s: vi-er-ge , : Saint Mi-chel : ar-chan-ge, : Saint Jean-bap-tis-te, : les : A-pô-tres : saint : Pi-er-re : et : saint Paul , : tous : les : Saints : et vous : mon : pè-re : de : pri-er pour : moi : le : Sei-gneur no-tre : Di-eu.

Que : le : Sei-gneur : tout-puis-sant : et : mi-sé-ri-cor-di-eux : nous : ac-cor-de : le par-don, : l'ab-so-lu-ti-on : et la : ré-mis-si-on : de : nos pé-chés : et : nous : con-dui-se : à : la : vi-e : é-ter-nel-le.

Ain-si : soit-il.

Com-man-de-mens : de : Di-eu.

UN : seul : Di-eu : tu : a-do-re-ras : et : ai-me-ras par-fai-te-ment.

Di-eu : en : vain : tu : ne ju-re-ras : ni : au-tre : cho-se pa-reil-le-ment.

Les : Di-man-ches : tu gar-de-ras : en : ser-vant Di-eu : dé-vo-te-ment.

Tes : pè-re : et : mè-re ho-no-re-ras : a-fin : que : tu vi-ves : lon-gue-ment.

Ho-mi-ci-de : point : ne ſe-ras : de : fait : ni : vo-lon-tai-re-ment.

Lu-xu-ri-eux : point : ne ſe-ras : de : corps : ni : de con-sen-te-ment.

Les : bi-ens : d'au-trui tu : ne : pren-dras : ni : re-ti-en-dras : in-jus-te-ment.

Faux : té-moi-gna-ge : ne di-ras : ni : men-ti-ras : au-cu-ne-ment.

L'œu-vre : de : chair : ne dé-si-re-ras : qu'en : ma-ri-a-ge : ſeu-le-ment.

Bi-ens : d'au-trui : ne con-voi-te-ras : pour : les a-voir : in-jus-te-ment.

Com-man-de-mens

Les : Com-man-de-mens : de : l'É-gli-se.

LES : Di-man-ches : la Mes-se : tu : en-ten-dras et : les : Fê-tes : de : com-man-de-ment.

Les : Fê-tes : tu : sanc-ti-fi-e-ras : qui : te : sont : de com-man-de-ment.

Tous : tes : pé-chés : tu con-fes-se-ras : à : tout : le moins : u-ne : fois : l'an.

Ton : Cré-a-teur : tu re-ce-vras : au : moins : à Pâ-ques : hum-ble-ment.

Qua-tre : temps : et Vi-gi-les : jeû-ne-ras : et

le : Ca-rê-me : en-ti-e-re-ment.

Ven-dre-di : chair : ne man-ge-ras : ni : le : Sa-me-di : mê-me-ment.

C'est : u-ne : es-pe-ce : d'im-pi-é-té : de : man-ger sans : in-vo-quer : le : nom : de : Di-eu.

BE-nis-sez-nous : Sei-gneur : et : ce : que vous : nous : don-nez : pour la : nour-ri-tu-re : de : nos corps ; : Fai-tes-nous : la gra-ce : d'en : u-ser : so-bre-ment. Au : nom : du : Pe-re et : du : fils : et : du : Saint-Es-prit. : Ain-si-soit-il.

Il : y : a : de : l'in-gra-ti-tu-de : à : ne : pas re-mer-ci-er : Di-eu : a-près : le : re-pas.

SEi-gneur : Di-eu : nous vous : re-mer-ci-ons : de ce : qu'il : vous : a : plu nous : don-ner : pour : la nour-ri-tu-re : de : no-tre corps ; : con-ser-vez : vo-tre gra-ce : dans : nos : a-mes, a-fin : que : nous : puis-si-ons : vous : voir, : vous lou-er : et : vous : ai-mer dans : tou-te : l'é-ter-ni-té.

Que : les : a-mes : des Fi-dè-les : re-po-sent : en paix : par : la : mi-sé-ri-cor-de : de : Di-eu. Ain-si-soit-il.

INSTRUCTION DE LA JEUNESSE.

MON : cher : En-fant, vous : con-nois-sez vos : let-tres, : vous : com-men-cez : à : é-pe-ler : des ſyl-la-bes : et : des : mots, il : faut : main-te-nant : vous ef-for-cer : à : ap-pren-dre à : li-re. : Tra-vail-lez : à : ce-la : a-vec : cou-ra-ge : pour de-ve-nir : un : bon : Chré-ti-en, : un : bon : Ci-to-yen, pour : ſa-voir : met-tre : de l'or-dre : dans : vos : af-fai-res : et : vous : met-tre : en é-tat : d'oc-cu-per : la : pla-ce : qui : vous : est : des-ti-né-e : dans : la : So-ci-é-té.

Fai-tes : u-sa-ge : de : vo-tre : rai-son : et : con-ce-vez que : Di-eu : vous : a : cré-é pour : le : con-noî-tre, : l'ai-mer : et : le : ſer-vir, : et : par ce : mo-yen : ar-ri-ver : à : la vi-e : é-ter-nel-le.

Il : faut : au-pa-ra-vant pas-ser : par : cet-te : vi-e mor-tel-le : où : vous : vo-yez : et : ver-rez : que : l'on a : bi-en : de : la : pei-ne.

On : vous : ap-pren-dra com-ment : de-puis : le : pé-ché : o-ri-gi-nel : Di-eu : a con-dam-né : tous : les hom-mes : au : tra-vail.

Ce-lui : qui : ne : veut point : tra-vail-ler : ne : ſert point : Di-eu, : ne : l'ai-me point, : car : u-ne : tel-le pa-res-se : est : un : pé-ché mor-tel.

L'hom-me : est : né : pour le : tra-vail ; : ce-lui : qui ne : tra-vail-le : point : n'est pas : di-gne : de : man-ger.

Qui : est : oi-sif : dans ſa : jeu-nes-se : tra-vail-le-ra dans : ſa : vi-eil-les-se.

Vous : ne : ſa-vez : pas,

mon : cher : En-fant, : ſi vo-tre : vi-e : ſe-ra : lon-gue ou : cour-te.

Tra-vail-lez : com-me ſi : vous : de-vi-ez : vi-vre long-tems.

Vi-vez : com-me : ſi vous : de-vi-ez : mou-rir bi-en-tôt.

Vos : pa-rens : vous : ont don-né : la : nais-san-ce, : ils ont : pris : bi-en : de : la pei-ne : pour : vous : pen-dant : que : vous : ne : pou-vi-ez : ni : mar-cher : ni par-ler ; : ils : vous : four-nis-sent : la : nour-ri-tu-re, le : vê-te-ment : et : tou-tes cho-ses.

Vos : ai-ma-bles : pa-rens es-pé-rent : pré-sen-te-ment que : vous : ap-pren-drez tout : ce : qui : vous : est né-ces-sai-re : pen-dant : le cours : de : vo-tre : vi-e.

Cet-te : vi-e : est : plei-ne d'af-fai-res : et : d'em-bar-ras : qui : vous : cau-se-ront de : la : pei-ne : ſi : vous ne : ſa-vez : bi-en : par-ler, bi-en : li-re : et : bi-en é-cri-re.

On : es-ti-me : une : per-son-ne : qui : ſait : bi-en

par - ler : bi - en : li - re : et bi - en : é - cri - re, : on : dit qu'el - le : a : re - çu : u - ne bon-ne : é-du-ca-ti-on.

Ce - lui : qui : ne : ſait point : ces : cho-ses : est re - gar - dé : com - me : un hom-me : de : né-ant. : On ſe : moc-que : de : ce-lui : qui par-le : mal. : Ce-lui : qui ne : ſait : point : li-re : est a-veu-gle : la : moi-ti-é : du tems. : De : quoi : est - on ca-pa-ble : quand : on : ne ſait : point : é-cri-re ?

E - cou - tez : a-vec : res-pect : et : a-vec : at-ten-ti-on ceux : qui : vous : en-sei-gnent, : ne : les : at-tris-tez point, : ne : les : fai-tes point : met-tre : en : co-lè-re ; s'ils : ſont : o-bli-gés : de vous : châ-ti-er, : re-ce-vez la : cor-rec-ti-on : a-vec : hu-mi-li-té. : Le : Saint-Eſ-prit a : dit : que : la : fo-li-e : est at-ta-ché-e : au : cou : de l'en-fant : et : que : la : ver-ge : de : la : cor-rec-ti-on : la chas-se-ra. : Re-gar-dez-les com-me : des : en-vo-yés de : Di-eu : pour : vous don-ner : l'é-du-ca-ti-on ſou-ve-rai-ne-ment : né-ces-ſai-re : et : la : plus : dou-ce con-ſo-la-ti-on : des : mi-sè-res : de : la : vi-e.

Du : Le-ver.

AUs-si-tôt : que : vous ſe-rez : é-veil-lé : com-men-cez : la : pre-mi-è-re ac-ti-on : de : la : jour-né-e par : le : ſi-gne : de : la croix, : et : que : la : pré-mi-è-re : pa-ro-le : qui : ſor-ti-ra : de : vo-tre : bou-che ſoit : les : noms : de : *Je-ſus* et : de : *Ma-ri-e* ; : en-ſu-i-te vous : vous : of-fri-rez : à Di-eu : en : ces : ter-mes :

Mon : Di-eu : je : vous : of-fre mon : cœur, : mes : pen-sé-es, : et tou-tes : les : ac-ti-ons : de : ce : jour, pour : vo-tre : gloi-re : et : pour mon : ſa-lut.

Le-vez - vous : promp-te-ment : pour : vous : ap-pli-quer : au : ſer-vi-ce : de Di-eu : et : au : tra-vail.

Gar-dez : la : mo-des-ti-e en : vous : ha-bil-lant, : en-ſu-i-te : pros-ter-nez - vous de-vant : Di-eu : et : a-do-rez : vo-tre : Cré-a-teur : a-vec : u-ne : pro-fon-de : hu-mi-li-té, : en : di-sant : les pa-ro-les : ſui-van-tes.

Je : vous : a-do-re , : mon : Di-eu, Pè-re , : Fils : et : Saint - Es-prit , me : voi-ci : tout : pret : d'e-xé-cu-ter vos : or-dres , : fai-tes - moi : la : gra-ce : de : mou-rir : plu-tôt : que : de ri-en : fai-re : au-jour-d'hui : qui : pût vous : dé-plai-re.

De : la : pri-e-re : du : ma-tin : dé-pend : tout : le : ſuc-cès : des : ac-ti-ons : de : la jour-né-e. : Un : Chré-ti-en qui : n'a : pas : pri-é : Di-eu , com-me : il : y : est : o-bli-gé d'a-bord : qu'il : est : le-vé , ſuc-com-be : fa-ci-le-ment aux : ten-ta-ti-ons.

Don-nez - vous : donc bi-en : de : gar-de : de : manquer : à : ce : de-voir : ſous quel-que : pré-tex-te : que ce : ſoit, : car : l'af-fai-re : la plus : im-por-tan-te : que vous : a-yez : en : ce : mon-de : est : cel-le : de : vo-tre ſa-lut. : A : quoi : vous : ſer-vi-ront : tou-tes : les : ſci-en-ces : hu-mai-nes : ſi : vous ve-nez : à : per-dre : vo-tre a-me ?

Dès : que : vous : ſe-rez ha-bil-lé, : met-tez-vous : à ge-noux : en : la : pré-sen-ce de : Di-eu, : te-nez : les mains : join-tes, : les : yeux bais-sés : a-vec : mo-des-tie, vous : re-gar-dant : com-me un : né-ant : de-vant : u-ne ſi : hau-te : Ma-jes-té.

A-yez : u-ne : gran-de at-ten-ti-on : à : tout : ce que : vous : di-tes, : au-tre-ment : vos : pri-e-res : ne peu-vent : ê-tre : a-gré-a-bles : à : Di-eu.

De : l'É-tu-de.

C'Est : la : vo-lon-té : de Di-eu : que : vous : em-plo-yez : le : tems : à : l'é-tu-de, : c'est : aus-si : la : vo-lon-té : de : vos : pa-rents. Vous : ne : pou-vez : donc pas : vous : oc-cu-per : à au-tre : cho-se : à : moins que : de : vou-loir : dé-so-bé-ir : à : Di-eu : et : à : ceux aux-quels : vous : de-vez u-ne : en-ti-e-re : o-bé-is-san-ce : ſous : pei-ne : de : pé-ché.

Vous : vo-yez : ce : que font : vos : pa-rents : pour vo-tre : é-du-ca-ti-on, : les ſoins : qu'ils : pren-nent pour : vous : fai-re : ap-pren-dre : quel-que : cho-se, : les dé-pen-ses : qu'ils : font pour : vous : en-tre-te-nir dans : vos : é-tu-des.

A-près : tout : ce-la : pouvez - vous : per - dre : le tems : qui : vous : est : d'ail-leurs : ſi : pré-ci-eux : dans l'âge : où : vous : ê-tes ; vous : de-vez : vous : en : fai-re : un : très-grand : ſcru-pu-le, : quoi - que : ce-la ne : vous : ſem-ble : qu'u-ne ba-ga-tel-le.

Du : temps : que : vous de-vez : em-plo-yer : main-te-nant : à : l'é-tu-de : dé-pend : le : bon-heur : du res-te : de : vo-tre : vi-e. : Si vous : é-tu-di-ez : bi-en : pré-sen-te-ment : vous : au-rez un : jour : de : la : joi-e d'a-voir : tra-vail-lé : pen-dant : vo-tre : jeu-nes-se, mais : si : vous : per-dez : ce tems : vous : n'au-rez : que du : cha-grin : et : un : sen-si-ble : re-gret : de : voir : que par : vo-tre : peu : de : ca-pa-ci-té : vous : ê-tes : mé-pri-sé : des : hon-nê-tes : gens é-tant : in-ca-pa-ble : d'e-xer-cer : les : char-ges : qu'on vous : des-ti-noit.

A-vant : de : vous : met-tre : à : l'é-tu-de : of-frez cet-te : ac-ti-on : à : Di-eu et : in-vo-quez : l'as-sis-tan-ce : du : Saint : Es-prit : en fai-sant : l'Ac-te : qui : su-it.

Je : vous : of-fre , : ô - mon : Di-eu , : ce : pe-tit : tra-vail , : pour : vo-tre : plus : gran-de : gloi-re. : Es-prit Saint : é-clai-rez-moi : de : vo-tre lu-mi-è-re.

Ap-pli-quez - vous : soi-gneu-se-ment : à : vo-tre de-voir , : n'é-cou-tez : pas les : sen-ti-mens : de : la : na-tu-re : qui : ne : de-man-de que : le : re-pos : et : la dis-si-pa-ti-on , : fu-yez : au con-trai-re : la : pa-res-se , et : ne : son-gez : qu'à : rem-plir : a-vec : soin : tou-tes vos : o-bli-ga-ti-ons.

De : la : Claſ-ſe.

SI-tôt : que : l'heu-re : de : la : claſ-ſe : ſe-ra : ve-nu-e : o-bé-iſ-ſez ponc-tu-el-le-ment : com-me : à : la voix : de : no-tre : Sei-gneur. : Sor-tez : donc : de : vo-tre : cham-bre a-vec : cet-te : in-ten-ti-on : pu-re : de fai-re : ce : que : Di-eu : de-man-de : de vous, : et : vous : fe-rez : en : ce-la un : ſa-cri-fi-ce : bi-en : plus : a-gré-a-ble : aux : yeux : de : sa : di-vi-ne ma-jes-té, : al-lant : en : clas-se : pour ſon : a-mour : et : pour : lui : o-bé-ir, que : si : vous : fai-si-ez : quel-que ru-de : pé-ni-ten-ce : par : vo-tre : pro-pre : vo-lon-té, : car : tou-te : vo-tre per-fec-ti-on : con-sis-te : à : fai-re : ce que : Di-eu : veut.

2 So-yez mo-des-te dans la clas-se, et tâ-chez de don-ner bon ex-em-ple à tous vos com-pa-gnons. Si vous con-si-dé-rez le Maî-tre qui vous en-sei-gne com-me si c'é-toit Je-sus-Christ mê-me qui vous en-sei-gnât vous n'au-rez pas de pei-ne à fai-re e-xac-te-ment tout ce qu'il vous or-don-ne-ra; sur-tout so-yez at-ten-tif et pre-nez gar-de de ne ri-en di-re et de ne ri-en fai-re qui puis-se lui dé-plai-re; sup-por-tez pa-ti-em-ment les in-com-mo-di-tés de la clas-se, le chaud pen-dant l'é-té, le froid pen-dant l'hi-ver et la con-train-te dans la-quel-le vous ê-tes o-bli-gé d'ê-tre pen-dant quel-ques

heu-res ; of-frez de tems en tems tou-tes ces cho-ses à No-tre Sei-gneur, le sa-cri-fi-ce lui en se-ra très-a-gré-a-ble ; et met-tez-vous sou-vent dans l'es-prit que vous ne tra-vail-lez que pour l'é-ter-ni-té.

3 Sor-tez de la clas-se a-vec la mê-me cir-cons-pec-ti-on que vous y ê-tes en-tré, c'est-à-di-re a-vec beau-coup de mo-des-ti-e et de re-te-nu-e ; al-lez droit à vo-tre cham-bre sans vous a-mu-ser aux vains dis-cours de vos con-dis-ci-ples ; quand vous y se-rez en-tré, re-mer-ci-ez Di-eu des lu-mi-e-res que vous a-vez ac-quis pen-dant la clas-se, et ne man-quez pas d'é-tu-di-er vos

le-çons, et de vous pré-pa-rer pour la clas-se du ſoir. Que vous ac-quer-rez de mé-ri-te si vous pou-vez vous as-su-jet-tir à ces pe-ti-tes pra-ti-ques qui vous ſem-ble-ront d'a-bord dif-fi-ci-les, mais qui dans la su-i-te vous pa-roî-tront fort ai-sé-es par l'ha-bi-tu-de que vous en au-rez con-trac-té-e.

Du Re-pas.

N'Al-lez pas à la ta-ble seu-le-ment pour con-ten-ter vo-tre a-pé-tit, mais pour o-bé-ir à Di-eu qui veut que vous vous nour-ris-si-ez pour le ſer-vir a-vec plus de vi-gueur. Di-tes donc le *Be-ne-di-ci-te* a-vant que : de : vous : met-tre : à : ta ble.

Ne : man-gez : point : a-vec : a-vi-di-té, : com-por-tez-vous : tout : le tems : de : la : ta-ble : a-vec : re-te-nu-e : et : mo-dé-ra-ti-on : sans : don-ner : au-cun : si-gne : de : gour-man-di-se, : et : ne : pas-sez : ja-mais : au-cun : re-pas : sans : vous : abs-te-nir de : quel-que : cho-se : qui : vous flat-te, : ou : pre-nez : l'ha-bi-tu-de de : sor-tir : tou-jours : de : ta-ble a-yant : en-co-re : ap-pe-tit.

Re-mer-ci-ez : Di-eu : a-près : le re-pas : de : vous : a-voir : don-né ce : qui : vous : é-toit : né-ces-sai-re pour : vo-tre : nour-ri-tu-re. : Com-bi-en : y : a-t-il : de : pau-vres : qui n'ont : pas : de : pain : et : qui : sont dans : la : der-ni-e-re : né-ces-si-té?

De : la

De : la : Re-cré-a-ti-on.

DIeu : veut : que : vous : a-yez un : tems : pour : vous : di-ver-tir : et : pour : vous : re-lâ-cher un : peu : l'es-prit : a-fin : de : vous ap-pli-quer : a-près : plus : ſoi-gneu-se-ment : à : l'é-tu-de. : Pre-nez : donc vo-tre : re-cré-a-ti-on : a-près : le : re-pas : et : gar-dez - vous : bi-en : de di-re : ou : de : fai-re : la : moin-dre cho-se : qui : puis-se : ſcan-da-li-ser ou : bles-ser : la : cha-ri-té.

Abs-te-nez - vous : de : tou-tes pa-ro-les : de : rail-le-ri-e ; : que : ſi quel-qu'un : de : vos : com-pa-gnons vous : dit : quel-que : cho-se : qui vous : dé-plai-se, : dis-si-mu-lez : et ne : le : pre-nez : pas : en : mau-vai-se : part.

De : la : Pri-è-re : du : ſoir.

A-Près : a-voir : don-né : tout : le : jour au : tra-vail : et : à : l'é-tu-de : des : let-tres, : il : est : bi-en : rai-son-na-ble : que : vous ren tri-ez : un : peu : en : vous - mê-me : a-vant : de : vous : cou-cher : pour : fai-re u-ne : ſé-ri-eu-se : ré-fle-xi-on : ſur : tou-tes les : ac-ti-ons : de : la : jour-né-e. : Y : a-t-il ri-en : de : plus : jus-te : que : de : pren-dre un : pe-tit : quart : d'heu-re : pour : met-tre or-dre : aux : af-fai-res : de : vo-tre : ſa-lut, puis que : c'eſt : la : cho-se : la : plus : im-por-tan-te : que : vous : a-yez : en : ce : mon-de.

Vous : vo-yez : de : quel-le : fa-çon : ſe com-por-tent : les : gens : d'af-fai-res : et : les mar-chands : dans : leur : tra-fic, : ils : ne peu-vent : dor-mir : en : re-pos : à : moins qu'ils : n'a-yent : fait : un : é-tat : e-xact : des per-tes : ou : du : gain : qu'ils : ont : fait pen-dant : le : jour, : ils : é-cri-vent : ſoi-gneu-se-ment : ce : qu'ils : don-nent : et : ce qui : leur : est : dû. : Pour-quoi : tous : ces ſoins ? : C'est : pour : é-vi-ter : l'em-bar-ras où : ils : ſe : trou-ve-roient : s'ils : n'a-gis-soient de : cet-te : fa-çon, : et : qu'ils : veu-lent : en cas : de : mort : que : tou-tes : les : cho-ses ſoient : en : é-tat. : Si : donc : l'hom-me : prend tant : de : pei-nes : pour : des : bi-ens : tem-po-rels : et : mé-pri-sa-bles, : que : ne : de-vez-vous : pas : fai-re : pour : le : bi-en : ſpi-ri-tu-el et : é-ter-nel : de : vo-tre : a-me.

Fai-tes : cet-te : ſé-ri-eu-se : ré-fle-xi-on ; que : cet-te : nu-it : ſe-ra : peut-ê-tre : la der-ni-e-re : de : vo-tre : vi-e. : Com-bi-en en : a-t-on : vu : qui : ſe : ſont : cou-chés en : par-fai-te : ſan-té : et : qui : le : len-de-main : ont : é-té : por-tés : du : lit : au : tom-beau ; : la : mê-me : cho-se : peut : vous ar-ri-ver. : Hé-las ! : que : de-vi-en-droit : vo-tre : a-me : ſi : vous : ve-ni-ez : à : mou-rir en : pé-ché : mor-tel ?

PRATIQUE.

A-yez : ſoin : de : fai-re : e-xac-te-ment vo-tre : e-xa-men : de : cons-ci-en-ce, : et d'en : ob-ser-ver : tous : les : points ; : in-sis-tez : par-ti-cu-li-e-re-ment : ſur : la : re-cher-che : des : fau-tes : que : vous : a-vez : com-mi-ses : pen-dant : la : jour-né-e , : et : je vous : con-seil-le : de : les : é-cri-re : à : la pre-mi-e-re : oc-ca-si-on , : a-fin : que : ve-nant : à : vous : con-fes-ser : vous : ſo-yez a-lors : ſou-la-gé : dans : la : re-cher-che que : vous : en : de-vez : fai-re. : Plu-si-eurs ſui-vent : cet-te : pra-ti-que : et : s'en : trou-vent : fort : bi-en ; : car : au-li-eu : de : ſe tour-men-ter : com-me : les : au-tres : quand il : faut : al-ler : à : con-fes-se , : ils : n'ont qu'à : li-re : les : pa-pi-ers : où : ils : les : ont é-cri-tes : cha-que : jour : de-puis : leur der-ni-e-re : con-fes-si-on , : et : ils : é-vi-tent par : cet-te : ma-xi-me : bi-en : des : con-fes-si-ons : ſa-cri-lè-ges.

Di-tes : en-su-i-te : les : pri-è-res : qui : vous ſont : pres-cri-tes : a-vec : le : plus : d'at-ten-ti-on : qu'il : vous : ſe-ra : pos-si-ble , : et con-si-dé-rez : que : la : pri-è-re : qui : n'est pro-fé-ré-e : que : de : bou-che : n'est : d'aucun : mé-ri-te : de-vant : Di-eu ; : il : faut que : le : cœur : par-le, : et : que : les : pa-ro-les : que : vous : di-tes : vi-en-nent : de l'in-té-ri-eur, : et : ſoient : ac-com-pa-gné-es d'u-ne : par-ti-cu-li-e-re : at-ten-ti on.

Ré-sis-tez : cons-tam-ment : au : ſom-meil; vous : en : vi-en-drez : à : bout : en : vous te-nant : con-ti-nu-el-le-ment : à : ge-noux et : ré-pon-dant : a-vec : les : au-tres : pen-dant : tout : le : tems : de : la : pri-è-re ; car : ſi : vous : cher-chez : vos : pe-ti-tes com-mo-di-tés, : vo-tre : pri-è-re : ſe-ra bi-en-tôt : in-ter-rom-pu-e : par : le : ſom-meil, : et : vous : per-drez : par : là : le fru-it : que : l'on : re-ti-re : en : pri-ant : at-ten-ti-ve-ment.

En : vous : cou-chant : of-frez : vo-tre cœur : à : Di-eu : et : di-tes : : *Sei-gneur : je re-mets : mon : a-me : en-tre : vos : mains; rem-pliſ-ſez : mon : cœur : de : vo-tre : a-mour et : fai-tes : qu'il : veil-le : vers : vous : pen-dant : que : mes : yeux : ſe-ront : li-vrés : au ſom-meil.*

DU DEVOIR DES ENFANS

Envers leurs Parens.

VOUS devez quatre choses à vos parens, qui ſont : l'amour, le respect, l'obéissance et l'assistance, tant dans les nécessités ſpirituelles que corporelles ; ce ſont des devoirs dont vous ne pouvez jamais vous dispenser ; Dieu vous y oblige par un Commandement exprès, et c'est le quatrième du Décalogue. Il ne faut qu'être homme raisonnable, ſans qu'il ſoit nécessaire d'être Chrétien, pour rendre à nos pères et mères ce qui leur est dû.

L'amour des parens envers leurs enfans est un puissant motif pour exciter les mêmes enfans à les aimer d'un amour réciproque. Est-il un amour aussi tendre, aussi ardent et aussi constant, que l'est celui d'un père et d'une mère envers leurs enfans ? Et cette tendresse dure jusqu'au tombeau.

Que de peines pour leur procurer, dès leur bas âge, une bonne éducation ! Que d'inquiétudes, que de chagrins dans leurs maladies ! Quelle patience à ſupporter leurs foibleſſes et leurs infirmités ! Cela paſſe tout ce qu'on peut en dire. Tobie ne ſe ſervit point d'autre argument pour porter ſon fils au reſpect et à l'obéiſſance qu'il devoit rendre à ſa mère pendant tout le tems de ſa vie.

Ce ſera encore pour vous un puiſſant motif de vous acquiter de votre devoir envers vos parens, ſi vous faites réflexion aux juſtes reſſentimens que Dieu fait paroître dans l'Écriture contre les enfans qui manquent de reſpect à ceux de qui ils ont reçu la vie. Maudit ſoit l'enfant, dit-il, dans le Deuteronome, qui n'honore pas ſon père et ſa mère. Que l'œil de l'enfant qui ſe ſera mocqué de ſon père, et qui aura mépriſé ſa mère, dit-il par la bouche du Sage, ſoit dévoré par les corbeaux et par les aigles. Il veut encore dans l'Exode, que l'enfant rébelle et désobéissant qui s'adonne à l'ivrognerie et à la luxure, sans se mettre en peine des avertissemens de son père, soit lapidé par le peuple. Enfin, il porte encore sentence de mort contre celui qui aura été si téméraire que de lever la main sur son père ou sa mère, ou qui même les aura maudits. Au contraire ne promet-il pas sa bénédiction, sa protection, sa faveur, une longue vie, en un mot toutes sortes de biens, à celui qui aura honoré ses parens, comme il doit, pendant toute sa vie.

PRATIQUE.

Efforcez-vous de rendre à vos parens tous les devoirs que je viens de vous enseigner, pendant tout le tems qu'il plaira à Dieu de leur conserver la vie. La Nature et la Loi vous y obligent, non seulement en votre jeunesse, mais encore quand vous serez plus avancé en âge. Il n'y a point d'âge, d'état ni de condition,

telle

telle qu'elle puisse être, qui puisse vous en dispenser. Quelque chose que votre pere vous dise, vous devez toujours l'aimer; quelque chose qu'il vous fasse, vous ne devez jamais lui manquer de respect; quelque chose qu'il vous commande, vous devez obéir aveuglement, promptement, ſans murmurer, ſans dépit et ſans chagrin, à moins qu'il ne vous commande quelque chose qui ſoit directement contre la Loi de Dieu, car alors il faut préférer le commandement du Créateur à celui de la créature.

Donnez-vous bien de garde de vous laisser aller à tous les mouvemens de la nature corrompue, qui fait que les enfans de votre âge ont ordinairement de la peine à ſupporter patiemment les avertissemens paternels, et les avis ſalutaires que leurs parents ſont ſouvent obligés de leur donner pour les corriger de leurs défauts. Que s'il arrive quelque fois qu'ils vous parlent avec aigreur, écoutez-les ſans rien répondre mal à propos ; s'ils vous reprennent de quelque faute avec un peu trop de ſévérité, ne vous excusez point, recevez avec humilité et modestie cette correction.

Vous me direz peut être que vos parens ſont fâcheux, chagrins ou emportés, que la moindre faute les fait mettre en colère contre vous, et que pour une petite bagatelle, ils vous traitent trop rigoureusement. Je veux que cela ſoit, mais faites réflexion, je vous prie, que l'amour ne voit qu'avec regret les moindres défauts dans la personne aimée, et ſi votre père vous paroît ſi ſévère, cela ne vient que de l'extrême desir qu'il a de voir parfait celui qu'il regarde comme un autre lui-même.

Je ne puis nier que les parens n'ayent quelquefois de grandes imperfections, et l'expérience ne nous le fait que trop connoître ; mais ſi la charité nous oblige de ſupporter patiemment les défauts de notre prochain, cette obligation n'est-elle pas plus grande pour un fils à l'égard de son père, de qui il a reçu la vie & tout ce qu'il possede ? Supportez donc constamment leur chagrin, leur mauvaise humeur et toutes les autres foiblesses naturelles qui accompagnent ordinairement un grand âge.

Il y a très-peu d'enfans qui aiment leurs père et mère d'un véritable et sincère amour. Plusieurs n'agissent que par amour propre ou par intérêt ; s'ils leur témoignent de l'affection, ce n'est qu'en vue du bien qu'ils espérent, car à peine ont-ils obtenu la meilleure part de l'héritage, qu'il n'y a plus en eux ni amour, ni respect, ni obéissance ; il y en a de si dénaturés, qu'ils ne soupirent qu'après la mort de ceux dont ils ont reçu la vie, pour s'enrichir de leurs dépouilles ; on en voit même de si barbares, qu'ils tâchent d'avoir par force le peu que leurs parens se sont réservés pour leur entretien, dans leur vieillesse ; ils ſe ſervent pour cet effet du manteau de la Justice, pour couvrir leur inhumanité ; ils leur intentent procès, au grand ſcandale d'un chacun, et ils n'ont point de repos qu'ils ne leur ayent enlevé, par leurs chicanes, le peu qui leur reste.

Il y en a qui, par dissimulation et pour mieux ménager leurs intérêts, ſavent garder les apparences jusqu'à la fin, mais à peine leurs parens ont-ils les yeux fermés, qu'ils ne s'en ſouviennent plus, et s'ils s'en ſouviennent, ce n'est que pour blamer leur conduite, quoiqu'elle n'ait été ſouvent que trop avantageuse à leur égard, au préjudice des autres héritiers. N'imitez pas ces esprits ingrats et dénaturés ; mais ſouvenez-vous que vous êtes obligé de témoigner un parfait et constant amour à vos parens, même après leur mort, en priant et faisant prier Dieu pour le repos de leurs ames : vos enfans en agiront ainsi à votre égard.

DU DEVOIR DES ÉCOLIERS

Envers leurs Maîtres.

LE Maître qui a ſoin de votre éducation vous tient lieu de père ; vous êtes donc obligé de lui rendre les mêmes devoirs qu'à votre propre père, qui ſont l'amour, le reſpect, l'obéissance, et vous ne pouvez y manquer ſans vous rendre coupable devant Dieu ; c'est à quoi les enfans font peu de réflexion ; ils traitent de bagatelles leurs désobéissances, et ils ne ſe font aucun ſcrupule du peu de respect qu'ils ont pour leurs Maîtres, quoique ce ſoit ſouvent des fautes graves, qui attirent ſur eux la colère et la malédiction de Dieu.

Le Maître ne vous tient pas ſeulement lieu de père, mais il représente encore la personne de Jesus-Christ, qui lui a confié le ſoin de votre éducation, et à qui il en doit rendre un jour un compte exact. Quand vous portez peu de respect à votre Maître et que vous lui êtes désobéissant, c'est Jesus - Christ que vous méprisez et à qui vous désobéissez ; c'est une vérité incontestable, puisque le fils de Dieu nous assure que celui qui écoute la personne qui a ſoin de ſon instruction et de ſon éducation, l'écoute lui - même ; *Qui vos audit me audit* ; et qu'au contraire, celui qui ne suit point les bons et ſalutaires avis que ſon Maître lui donne, est aussi criminel que s'il méprisoit sa personne divine : *Qui vos ſpernit me ſpernit.*

Considérez attentivement les grandes obligations que vous avez à un bon Maître, qui prend un ſoin particulier de votre éducation ; j'ose dire que vous lui avez plus d'obligation qu'à vos parens, car ſi vos parens vous ont donné la vie du corps, le Maître vous procure la vie de l'ame ; ſi votre père vous fournit tout ce qui vous est nécessaire pour votre entretien, le Maître vous donne, par ſes bons avis et ſages remontrances, une nourriture ſpirituelle qui ſurpasse autant la corporelle, que l'ame est au-dessus du corps ; ſi votre père ſouhaite passionnément de vous voir un jour un honnête homme, digne ſucces-seur des charges qu'il exerce et qu'il vous destine, votre Maître n'a-t-il pas le même désir ? Mais ſon plus grand ſoin est de vous avancer dans la perfection, de vous faire un ſaint, de vous rendre digne enfant du Père céleste, et très-digne héritier du Royaume éternel, qui est la grande et unique affaire que vous ayez en ce monde.

L'amour du père eſt ordinairement fondé ſur la chair et ſur le ſang ; l'amour du Maître l'est uniquement ſur l'esprit, et ne regarde que le bien de l'ame : quelles obligations ne lui avez-vous donc pas ? Peut-être n'avez-vous pas maintenant aſſez de lumières pour le connoître, mais vous le verez mieux quand vous aurez l'esprit un peu plus formé.

PRATIQUE.

Le premier avis que je vous donne est de considérer toujours Jesus-Christ dans votre Maitre, et de le considérer comme ſi c'étoit le fils de Dieu même qui vous parlât ; vous ne manquerez pas alors de lui obéir en tout ce qu'il vous commandera, et d'avoir pour lui le respect que vous lui devez ; c'est de cette ſoumission et de cette obéissance aveugle que dépend toute votre perfection ; et dans l'état où vous êtes, vous ne pouvez rien faire qui ſoit plus agréable à Dieu que de vous ſoumettre entierement à celui qu'il vous a donné pour guide et pour conducteur.

Vous devez non ſeulement l'obéissance à votre Maitre, mais encore l'honneur et le respect ; plusieurs obéissent, mais de ſi mauvaise grace, et avec tant de ſignes extérieurs de chagrin et de mécontentement, qu'il vaudroit presque autant qu'ils fussent rébelles aux ordres qu'on leur donne. Donnez-vous bien de garde d'imiter d'imiter ces eſprits révoltés, & ne dites ni ne faites jamais la moindre choſe qui puiſſe offenſer celui qui vous tient lieu de pere, & que vous devez regarder comme le Lieutenant du Sauveur.

Vous devez encore avoir pour votre Maître de l'amour & de la reconnoiſſance. Que d'ingratitude en ce monde, particulierement de la part des enfans à l'égard de ceux qui prennent ſoin de leur éducation ! Que de plaintes, que de murmures, lorſqu'on veut les obliger de s'acquiter de leur devoir ! Ce Maître, qui ne reſpire que pour le bien & l'avantage de ſon cher diſciple, paſſe alors pour un homme inſupportable, & d'une ſévérité outrée ; que s'il le laiſſoit vivre ſelon ſon inclination & ſes caprices, il ſeroit le plus honnête homme du monde. Que ces enfans ſont à pleindre & dignes de compaſſion ! Car dans un âge plus avancé, ils regretteront de n'avoir pas encore été traités avec plus de ſévérité.

DU DEVOIR DES JEUNES GENS

Envers leurs compagnons.

APrès vous avoir entretenu des devoirs de la charité chrétienne, envers vos Maitres, je ne parlerai ici que du bon exemple que vous êtes obligé de donner à vos compagnons pour remplir tous les devoirs d'un véritable Chrétien. Je vous entretiens volontiers ſur cette matiere, qui eſt de la derniere importance, car l'exemple eſt ordinairement le modèle ſur lequel on s'arrête & qu'on tâche d'imiter.

Vous ne pouvez rien faire qui ſoit plus agréable à Dieu, que de gagner à ſon ſervice vos compagnons par votre bon exemple ; au contraire, ſi vous êtes aſſez malheureux que de ſcandaliſer votre prochain par de pernicieux diſcours & par des actions ſcandaleuſes, vous vous déclarerez le partiſant du démon, qui ſe ſervira de vous comme d'un agent malheureux pour lui gagner les ames & les enlever à Jesus-Christ. C'est être en effet bien malheureux que de faire ici bas l'office du démon, & de précipiter dans l'enfer, de propos délibéré, des ames qui ont tant coûté à Jesus-Christ. Le démon n'ose paroître avec toute sa laideur pour vous tenter ; il se sert de l'homme pour perdre l'homme, & cet artifice lui a très-bien réussi jusqu'à présent ; car parmi un si grand nombre de libertins, dont le monde est rempli, à peine en trouvez-vous un seul qui n'avoue ingénuement que le mauvais exemple d'un ami ou d'un compagnon a donné commencement à la vie licencieuse qu'il mene. Si nous pouvions voir & interroger cette troupe innombrable de damnés, qui gémissent & qui gémiront éternellement dans les flammes de l'enfer, pour savoir d'eux quelle est la cause de leur malheur, combien en trouverions-nous qui ne se sont perdus que par le mauvais exemple. O mauvais exemple, que tu as perdu d'ames & que tu en perdras encore à l'avenir !

Vous ſerez entierement convaincu de la grande obligation que vous avez de donner bon exemple à vos compagnons, ſi vous voulez réfléchir ſur les étonnantes malédictions que Dieu, juſtement irrité, fulmine contre les ſcandaleux, & ſur les terribles menaces qu'il leur fait. Malheur à toi, ô homme ſcandaleux, (dit Jeſus-Chriſt) qui pervertis les jeunes gens par ton mauvais exemple. Et afin de vous faire concevoir combien eſt grande l'indignation qu'il a conçue contre celui qui lui ravit ainſi les ames qu'il a rachetées de ſon ſang, il ajoute qu'il vaudroit mieux pour ce malheureux qu'il fût précipité dans la mer avec une meule de moulin au cou, & qu'il perdît ainſi la vie temporelle, que de priver un petit innocent de la vie ſpirituelle de l'ame. Dieu ne menace-t-il pas d'une mort funeſte celui qui aura engagé l'homme juſte dans la voie de perdition ? Il vouloit dans l'ancienne loi que l'homme qui étoit convaincu d'homicide fût mis à mort ; & il veut encore aujourd'hui, par la même loi, que celui qui aura été la cauſe de la perte d'une ame, par ſes diſcours & ſes exemples pernicieux, perde la ſienne ; à moins qu'il ne ſatisfaſſe en cette vie à ſa juſtice divine par la pénitence & les bonnes œuvres.

PRATIQUE.

Je vous crois trop ſage & trop bon Chrétien, pour vouloir ſcandaliſer vos compagnons ; mais cela ne ſuffit pas, Dieu demande encore de vous une plus grande perfection ; il ne veut pas que ſous prétexte de vous divertir avec vos amis, vous diſiez ou faſſiez la moindre choſe qui puiſſe leur donner quelque legere impreſſion du vice.

Soyez donc continuellement ſur vos gardes, évitez toutes les paroles qui ſe peuvent interpréter en mal, & comportez-vous toujours avec beaucoup de modeſtie, & s'il vous échappoit quelque parole qui pût donner ſujet de ſcandale, réparez promptement cette faute par un aveu ſincere de votre foibleſſe, & demandez-en pardon à Dieu.

Que ſi quelqu'un de vos compagnons tournoit en dériſion votre modeſtie ou votre exactitude dans vos différens exercices de piété, n'ayez pas la foibleſſe d'en rougir, tâchez au contraire de lui en démontrer, ſelon vos lumieres, l'avantage & l'utilité, & d'en prendre occaſion pour l'attirer dans le chemin de la vertu.

Ne faites point attention à ce que dira le monde, qui eſt un trompeur, mais attachez-vous uniquement aux maximes de l'Evangile, & aux ſentimens de Jeſus-Chriſt, qui eſt la ſageſſe même & qui ne peut vous tromper. Dites, avec Saint Paul, ſi je m'étudiois à plaire aux hommes, je ne ſerois pas le ſerviteur de Dieu.

PRINCIPES
DE LA VIE SPIRITUELLE.

De l'amour de Dieu.

VOus devez aimer Dieu de tout votre cœur ; c'eſt l'unique fin pour laquelle vous êtes au monde, & vous avez un précepte qui vous y oblige ſous peine de damnation. Le Soleil n'a été créé que pour nous éclairer de ſa lumiere ; la terre ne ſubſiſte que pour notre nourriture ; en un mot, toutes les créatures n'ont été tirées du néant & n'ont reçu l'être, que pour nous rendre ſervice ; c'eſt leur fin & leur perfection. Il n'en eſt pas de même de la créature raiſonnable, l'homme n'eſt pas né pour l'homme, il n'a été formé des mains de Dieu que pour Dieu, il n'a un eſprit que pour le connoître, & un cœur que pour l'aimer ; & ce cœur, il n'y a que Dieu qui puiſſe le remplir ; ni l'amour des créatures, ni la jouiſſance de tous les biens & de tous les plaiſirs de cette vie mortelle, ne peuvent le contenter ; il eſt dans un perpétuel mouvement & dans une continuelle inquiétude, dit Saint Auguſtin, à moins qu'il n'aime uniquement & parfaitement ſon Créateur.

Mais pourquoi ne l'aimeriez-vous pas de tout votre cœur, puiſque par ſa divine puiſſance il vous a tiré de l'abîme du néant, pour vous faire héritier & participant de ſa gloire. C'eſt lui qui vous a fait naître dans un Royaume très-chrétien, & de parens catholiques : c'eſt lui qui vous a donné tout ce que vous poſſédez en cette vie ; les biens ſpirituels, pour la nourriture ſpirituelle de votre ame. Qu'avez-vous, dit l'Apôtre, que vous n'ayez reçu de la pure libéralité de Dieu ? Il vous a tant aimé, qu'il a donné ſon Fils unique pour vous ſervir de modèle en cette vie, de conducteur dans le chemin du Ciel, & de caution qui doit ſatisfaire, par l'effusion

fusion de tout son sang, pour la multitude de vos péchés. Il vous a donné son Saint-Esprit, pour vous exciter à son amour par l'effusion de ses graces, pour vous enrichir dans votre pauvreté, pour vous consoler dans vos afflictions & pour vous impétrer tous les secours du Ciel, dont vous avez besoin dans cette valée de larmes. Enfin, il se donne tout à vous, & pour toute récompense de ce bienfait, il ne vous demande que votre cœur : seriez-vous donc assez ingrat pour lui refuser ?

Mais pourquoi ne l'aimeriez-vous pas de tout votre cœur, puisque c'est l'unique objet aimable en ce monde, l'unique qui soit digne du cœur humain, qui renferme en soi éminemment toutes les perfections de la nature, dont il est la source & l'origine ? La Sœur Marie de l'Incarnation, Religieuse Carmélite, étoit si fortement pénétrée de cette pensée, qu'on l'entendoit ordinairement s'écrier, dans l'excès de son amour : *Est trop avare à qui Dieu ne suffit* ; comme si elle eût voulu dire : ô hommes mortels, aveugles & insensés que vous êtes, pourquoi tant de peines & de travaux pour vous satisfaire, puisque vous trouvez en Dieu tout ce qui peut contenter votre cœur ?

PRATIQUE.

Vous devez aimer Dieu de tout votre cœur, de toutes vos forces & de toute votre ame ; c'est-à-dire, que vous devez l'aimer par-dessus toutes choses, plus que vos biens, que vos parens, & même plus que votre vie.

Vous devez être dans la résolution de perdre ce que vous avez de plus cher au monde, plutôt que de perdre sa grace & son amitié. Vous devez souffrir & endurer toutes sortes d'affronts & même la mort, plutôt que de rien faire qui soit contre l'attachement & l'honneur que vous lui devez. Ah que cet amour sincere & véritable que nous devons avoir pour Dieu, est rare en ce monde ! Car où est l'homme qui aime plus son Dieu que son trésor & sa propre vie ?

Vous devez tellement détacher votre cœur de l'amour dés créatures, que vous ne les aimiez que pour Dieu. Il est vrai que vous êtes obligé d'aimer votre prochain, & particulierement votre pere & votre mere, parce que Dieu vous le commande, mais ce ne doit pas être au préjudice de l'amour que vous devez à Dieu, puisque vous devez l'aimer par dessus toutes choses.

Si vous voulez témoigner à Dieu l'amour que vous lui portez, ne cherchez que lui en toutes choses, n'agissez que pour lui & ne parlez que de lui. Que de trésors & de mérites, que de graces ne vous attirerez-vous pas en cette vie, & à quel degré de gloire ne serez-vous pas élevé dans le Ciel, si vous sçavez animer toutes vos actions du feu du divin amour ?

DE L'AMOUR DU PROCHAIN.

VOus ne pouvez aimer Dieu que vous n'aimiez votre prochain, car la même charité qui nous fait aimer Dieu, nous fait encore aimer nos semblables. La raison est, que ce qui porte un homme à en aimer un autre, le porte aussi à l'amour de tout ce qui peut lui appartenir.

Mon Commandement est, disoit Jesus, que vous vous aimiez les uns les autres, comme je vous ai aimés. Quand les hommes n'auroient rien d'aimable que d'avoir été aimés de Jesus-Christ, ne seroit-ce pas assez pour vous obliger à les aimer de tout votre cœur? Est bien délicat celui qui n'aime pas ce que son Sauveur a aimé plus que lui-même, & jusqu'à verser son sang pour lui.

PRATIQUE.

Il faut que vous aimiez votre prochain uniquement pour Dieu, car l'aimer par quelque motif humain, ce n'eſt pas l'aimer de la façon que Dieu veut que vous l'aimiez ; n'aimez donc pas votre prochain ſeulement à cauſe qu'il vous aime, ni pour aucune de ſes belles qualités, ni à cauſe que vous avez reçu, ou que vous eſpérez quelque bienfait de lui ; ce n'eſt là qu'un amour naturel, qui eſt commun aux Chrétiens & aux Payens. Il faut que cet amour ſoit purement fondé ſur Dieu, dont le prochain eſt la créature & l'image.

Il faut que vous aimiez votre prochain comme vous-même ; c'eſt-à-dire, que vous lui ſouhaitiez le même bien qu'à vous-même, & cet amour doit être univerſel ; car tous les hommes, quels qu'ils ſoient, amis ou ennemis, fidèles ou infidèles, ſont vos freres & les images vivantes de Dieu.

Tous les hommes étant vos freres, vous ne pouvez en exclure aucun ſous quelque prétexte que ce puiſſe être : et ſur tout ſouvenez-vous que la charité vous oblige à prier Dieu pour tous.

PRATIQUE

Pour entendre dévotement la Sainte Messe.

QUand vous allez à l'Église à dessein d'y entendre la Messe, ne faites pas comme la plupart des enfans, qui y vont en courant, en badinant & avec un esprit dissipé ; allez-y avec un grand recueillement, comme si vous alliez au Calvaire, pour y voir Jesus crucifié.

Ayant pris de l'eau bénite, à l'entrée de l'Église, avec foi & avec douleur de vos péchés, mettez-vous humblement à genoux, & tâchez de vous éloigner, autant qu'il vous sera possible, de ceux qui pourroient vous distraire par leur mauvais exemple. Donnez-vous bien de garde de tourner la tête pour observer ceux qui sont auprès de vous, qui entrent ou qui sortent de l'Église ; c'est une immodestie & une marque d'un esprit dissipé. Il faut cependant que votre dévotion soit sans affectation.

Paroles de Tobie à ſon fils.

MON fils, écoutez mes paroles & mettez-les dans votre cœur comme le fondement de votre ſalut.

Ayez Dieu préſent à l'eſprit durant tous les jours de votre vie, & prenez garde de ne conſentir jamais au péché, & de ne violer jamais la loi du Seigneur notre Dieu.

Faites l'aumône de votre bien, & ne détournez point vos yeux d'aucun pauvre, & par là vous mériterez que Dieu auſſi ne détourne point ſes regards favorables de deſſus vous ; ſoyez miſéricordieux & charitable autant que vous le pourrez ; ſi vous avez beaucoup de bien donnez beaucoup ; ſi vous avez peu, ne laiſſez pas de faire part aux pauvres, de bon cœur & avec joie, de ce que vous avez ; par là vous vous amaſſerez un riche tréſor & une grande récompenſe pour le jour de la néceſſité.

Évitez, mon Fils, toutes impuretés de

corps & d'esprit, & demandez-en sans cesse la grace au Seigneur : car celui qui a la conscience pure ne doit pas craindre les illusions du Démon.

Aussi-tôt que quelqu'un aura travaillé pour vous, rendez-lui ce que mérite son travail, & ne retenez jamais la récompense due à ceux qui vous ont rendu service.

Ne faites jamais à personne ce que vous ne voudriez pas qu'on vous fît ; mangez votre pain avec ceux qui ont faim & qui sont indigens ; couvrez de vos vêtemens ceux qui sont nuds, & ne faites rien sans le conseil d'un homme sage & prudent.

Benissez Dieu en tout tems, priez-le qu'il conduise lui-même vos pas dans sa sainte voye, & remettez entre ses mains tous vos desseins & toutes vos entreprises.

Ne craignons rien, mon fils, nous sommes pauvres, mais nous aurons assez de bien si nous craignons Dieu, si nous nous abstenons de tout péché, & si nous faisons de bonnes œuvres.

Avis de Saint Louis à ſon fils.

MON fils, la premiere choſe que je vous enſeigne & que je vous demande ; c'eſt d'aimer Dieu de tout votre cœur, & par-deſſus toutes choſes, car nul homme ne peut être ſauvé ſans cela.

Si Dieu vous envoye quelque adverſité, recevez-là de bon cœur, rendez-lui en graces, & penſez que vous l'avez bien méritée, & que tout tournera à votre avantage.

S'il vous donne des proſpérités rendez-lui de très-humbles actions de graces, & prenez garde de n'en pas devenir pire par orgueil ni autrement.

Confeſſez-vous ſouvent & choiſiſſez un Confeſſeur habile, d'une vertu & d'une ſageſſe reconnues, & qui puiſſe vous donner des maximes aſſurées, & vous apprendre les choſes que vous devez faire pour le ſalut de votre ame.

Aſſiſtez, avec dévotion, au ſervice de Dieu & de la Sainte Égliſe notre Mere, priez-y de cœur & de bouche.

Ayez le cœur doux & rempli de compaſſion pour les pauvres, aidez-les autant que vous le pourrez.

Ne fréquentez que des gens ſages, vertueux, & de probité reconnue ; fuyez la compagnie des méchans.

Efforcez-vous d'écouter la parole de Dieu, gravez-la dans votre cœur, & ne perdez jamais l'occaſion d'aſſiſter aux prieres & dévotions publiques.

Ne permettez jamais qu'on diſe rien contre le reſpect dû à Dieu, à ſa Sainte Mere, aux Saints & Saintes, & remerciez ſouvent Dieu des biens & des heureux ſuccès qu'il vous aura donnés.

Portez honneur, reſpect & ſoumiſſion à votre pere & à votre mere ; prenez bien garde de les courrouſſer, en déſobéiſſant à leurs bons commandemens, mais plutôt ſuivez leurs avis ſalutaires.

ORAISON UNIVERSELLE.

MOn Dieu je crois en vous mais fortifiez ma foi ; j'espere en vous, mais assurez mon espérance ; je vous aime, mais redoublez mon amour ; je me repens d'avoir péché, mais augmentez mon repentir ; je vous adore comme mon premier principe, je vous désire comme ma derniere fin, je vous remercie comme mon bienfaiteur perpétuel, je vous invoque comme mon souverain défenseur.

Mon Dieu, daignez me régler par votre sagesse, me contenir par votre Justice, me consoler par votre miséricorde, me protéger par votre puissance. Je vous consacre mes pensées, mes paroles & mes actions, afin que désormais je n'agisse que pour vous & selon vous.

Seigneur, je veux ce que vous voulez, parce que vous le voulez & comme vous le voulez, éclairez mon entendement, purifiez mon corps & sanctifiez mon ame.

Mon Dieu donnez-moi la force d'expier mes offences passées, de surmonter mes tentations à venir, de me corriger des passions qui me dominent & de pratiquer les vertus qui me conviennent. Remplissez mon cœur de tendresse pour vos bontés, d'aversion pour mes defauts, de zele pour mon prochain & de mépris pour le monde.

Qu'il me souvienne, Seigneur, d'être soumis à mes supérieurs, charitable envers mes inférieurs, fidèle à mes amis & indulgent pour mes ennemis.

Venez à mon secours pour vaincre la volupté par la mortification, l'avarice par l'aumône, la colere par la douceur, & la tiédeur par la dévotion.

Mon Dieu, rendez moi prudent dans mes entreprises, courageux dans les dangers, patient dans les traverses, & humble dans les succès. Faites que je n'oublie jamais de joindre l'attention à mes prieres, la tempérence à mes repas, & l'exactitude dans mes emplois.

Découvrez-moi, mon Dieu, quelle est la petitesse de la terre, la grandeur du Ciel, la briéveté du tems, & la longueur de l'éternité. Faites que je me prépare à la mort, que je craigne votre jugement, que j'évite l'enfer, & que j'obtienne le paradis, par les mérites de Notre Seigneur Jesus-Christ. Ainsi soit-il.

FIN.

EUSTELLE.

www.ingramcontent.com/pod-product-compliance
Ingram Content Group UK Ltd.
Pitfield, Milton Keynes, MK11 3LW, UK
UKHW020410230726
13925UKWH00003B/1332